BIBLIOTHÈQUE
École catholique Saint-Charles-Garnier
4101 rue Baldwin sud
Whitby (Ontario) L1R 2W6

À Perrine, ma première lectrice,
À Dimitri, qui m'a beaucoup inspirée,
À Juliette, notre future collégienne…

Remerciements
Merci à Marc Le Tirilly pour son regard matheux.
Merci à Noura Rouibi pour ses conseils,
ainsi qu'à ses élèves de 4e du collège de Crest
qui ont bien voulu « jouer le jeu ».

J'APPRENDS À TRAVAILLER

Dans la même collection :
Ado agenda
Réveillez-vous les mecs!
Collège, mode d'emploi
On n'est plus des bébés
Des mots pour dire…
Génération ordinateur
Pas si facile d'aimer…
Nous, on n'aime pas lire…
Ado Blues…
C'est pas facile de grandir!
Pourquoi tant d'injustice?
Les années lycée…
L'amitié, c'est sacré!
Nous les filles…
C'est quoi le spiritisme?
Chacun son look
Sauvons la planète
Je ne sais pas qui je suis
Les miens aussi ils divorcent!
Je ne sais pas quoi lire
La mort, c'est pas une vie
Touche pas à mon corps
La sexualité expliquée aux ados
Des ados en Europe
Vous y croyez, vous, en Dieu?
La drogue, vous êtes tous concernés
Nous, les 11-15 ans
Fan Mania
Un copain pas comme les autres…
La violence en direct
Un père, c'est pour la vie
Prêts pour la sixième!
On n'est pas des nuls!
Une nouvelle famille, c'est pas facile!
Et si la joie était là?
Vous vous sentez seul…

Connectez-vous sur : **www.lamartiniere.fr**
© 2001 De La Martinière Jeunesse (Paris, France)

J'APPRENDS ÀTRAVAILLER

**MYRIAM GERMAIN-THIANT
ILLUSTRÉ PAR CATHERINE URSIN**

SOMMAIRE

D'ABORD, IL FAUT AVOIR ENVIE !

Momo raconte : le collège,
  c'est nul ! 10
Lola, Tom, Nadia et Pierre
  réagissent 12
Et pour vous, le collège ? 15
Chacun sa vérité 16
D'où viennent nos visions ? 17
Ça marche aussi pour
  les personnes ! 18
Quand nos visions deviennent
  réalité 19
Certains glissent dans
  une « boucle d'échec » 20
Changer nos visions ! 22
Alors, place à la motivation ! . . . 22
Prendre du recul ! 25
Recadrer votre vision 25
Être motivé et... le montrer ! . . . 28

ENSUITE, IL FAUT DES MÉTHODES...

Momo raconte : catastrophe,
  blocage, feu rouge ! 32
Nadia, Tom, Pierre et Lola
  réagissent 34
Et vous, comment
  travaillez-vous ? 36
Une méthode,
  ce n'est pas une recette 37
N'empêche qu'on a besoin
  de repères 38
Doucement quand
  on est pressé ! 39
Trouvez alors « votre » méthode . . 42
Comprendre une consigne,
  une question 44
Apprendre une leçon
  (leçon courte, leçon longue) . . 46
Résumer un texte ou trouver
  la structure d'un texte 50
Construire un plan
  (rédaction, exposé) 55
Expliquer un texte 65
Faire un exercice
  de mathématiques 72

MAINTENANT, PLACE AUX RÉSULTATS !

La déception de la note 78
On note une copie
  ou un effort 79
Se comparer à un bout
  de papier ! 80
Comprendre une note 81
Alors, noter, c'est quoi ? 82
Exemple de critères 82
Donner les critères 84
Trouver les critères 85
Corriger : à vous de jouer ! 88
Notation du professeur 94
Expliquer les écarts de notes . . . 96
En guise de conclusion 98
C'est quoi une personne ? 99
Bien travailler 101

INTRODUCTION

SAVOIR TRAVAILLER, ÇA SE DÉCIDE AUSSI ! AVEZ-VOUS ENVIE D'ALLER AU COLLÈGE ? ÊTES-VOUS TOUJOURS MOTIVÉ POUR VOUS METTRE AU BOULOT, QUELLE QUE SOIT LA MATIÈRE ?

Pensez-vous que les profs sont nuls, qu'apprendre ne sert à rien ? Pensez-vous quelquefois que c'est vous qui êtes nul et que vous n'y arriverez jamais ?

Et, pourtant, vous aimeriez prendre les choses différemment, changer… Et si vous décidiez d'y arriver, enfin ?

Bien sûr, décider ne suffit pas, il faut savoir comment s'y prendre pour faire une rédaction ou un exercice de maths. Il faut apprendre à travailler et se construire des méthodes adaptées. Comment on fait pour apprendre une leçon d'histoire ? Comment on fait pour construire un exposé ? Et pour le présenter à la classe ?

Il y a la manière dont vous vous y prenez d'habitude et des méthodes générales auxquelles vous pouvez vous entraîner. Il y a aussi ce qu'attendent les profs. Car les résultats doivent suivre. Sinon vous risquez de vite vous décourager… C'est un bon coup de pouce de comprendre comment notent les profs.

J'apprends à travailler est un ouvrage pratique, écrit pour vous, pour vous aider à travailler et à réussir, au collège dans toutes les matières, en vous donnant des tuyaux, des conseils, des techniques très précises, avec des tests et des exemples concrets tirés de vos programmes.

Toutefois, si avoir des méthodes ça aide, si comprendre comment notent les profs est un sacré plus… ça ne suffit pas ! Parce que, pour travailler « bien », il faut également se sentir « bien » dans sa peau, « bien » dans sa tête, et avec les autres… Autant de paris auxquels vous invite ce livre. Alors, à vous de décider !

D'ABORD, IL FAUT

SANS SE DÉCOURAGER !

TOUT DÉPEND DES PROFS...

...ET DE SOI AUSSI

AVOIR ENVIE

DE TRAVAILLER...

AU PREMIER RANG ?

UN MAÎTRE MOT : PARTICIPER !

MOMO RACONTE :

Le collège, c'est nul!
Le collège, moi, c'est pas mon truc... D'ailleurs, l'école, j'ai jamais aimé ça... À part en maternelle, peut-être, parce qu'au moins on joue au lieu de travailler. Mais, à partir du CP, tout le monde te met la pression pour apprendre à lire, à écrire, puis à compter, parce que t'es un grand! Je me rappelle l'horreur des devoirs à la maison, le soir, à peine le goûter avalé... Les dernières miettes, elles restaient coincées, il me restait plus qu'à zieuter la pendule en attendant que l'orage passe.
C'était pas de ma faute si j'y comprenais déjà rien! Toutes ces lettres et tous ces mots qui dansaient devant mes yeux vides... J'aurais bien voulu lui faire plaisir à ma mère, mais j'y arrivais pas. Et l'écriture! Quand je vois ma petite sœur qui s'amuse à écrire

D'ABORD, IL FAUT AVOIR ENVIE !

pendant des heures ! Je me demande comment on peut prendre plaisir à travailler.
À force, je suis quand même arrivé jusqu'en CM2. Les copains me disaient que le collège c'était différent. J'attendais ça en me disant que ça serait chouette d'avoir plein de profs et de faire des choses nouvelles comme la bio, ou même l'anglais. Au début, c'était tout nouveau, tout beau, mais je suis vite retombé. En fait, au lieu d'avoir un seul instit sur le dos, tu te retrouves avec sept ou huit profs qui ont l'air de se demander à longueur de journée ce que tu fous là vu ton niveau de nul. Même le prof de bio ! Je dis ça parce que j'adore les animaux.
Tout le monde dit que je suis un mauvais élève. Finalement, ça doit être vrai !

LOLA, TOM, NADIA ET PIERRE RÉAGISSENT :

Nadia et Tom sont tous les deux en 5e, Pierre est en 4e et Lola redouble sa 3e. Alors, le collège, ils connaissent bien !

Tom prend la parole en premier :
– Je la connais par cœur l'histoire de Momo, j'aurais pu la raconter pareil ! Je me vois trop assis au fond de la classe, à attendre que ça sonne... Au début, je faisais des efforts aussi... Et puis, à force de me faire saquer par les profs et de me faire disputer par les parents, j'ai lâché.

Après un silence, Tom sourit :
– La différence avec Momo, c'est que moi, je perds pas une occasion de rigoler avec les potes. On se fait mal voir, mais, au moins, on rigole !
– Moi, j'aime bien l'école et j'adore apprendre, intervient Lola. (Tom la regarde avec des yeux ronds comme des billes. Lola se reprend.) Enfin, sauf en maths. Là, j'y comprends rien de rien... C'est même pour ça que j'ai voulu redoubler.

D'ABORD, IL FAUT AVOIR ENVIE !

– Que tu as voulu redoubler ? s'étonne Tom.
– Oui. Parce que je n'avais pas le niveau en maths pour la seconde. Pour moi, les maths, c'est des mots barbares comme le « théorème de Pythagore » ou les « identités remarquables » !
– Remarquables ! Façon de parler, rigole Pierre. Moi, je dis que tout dépend des profs. T'as quand même des profs qui font tout un tas d'efforts pour te dégoûter de bosser. Ceux qui font leurs cours sans se soucier de savoir si tu piges ou pas, ceux qui répètent à longueur de temps que le « niveau général est très faible »...
– Arrête, on s'y croirait, reprend Tom.
– Je ne suis pas d'accord avec toi, dit Lola à Pierre. Tu vois, j'ai un super bon prof en maths. C'est pas de sa faute si je bloque complet.
– Alors, c'est dans ta petite tête que ça se passe ! plaisante Pierre.
Lola hausse les épaules et se tourne vers Nadia :

– Et toi, Nadia, tu ne dis rien?
– Moi? Oh! moi, je me sens tellement nulle, dit Nadia d'une petite voix.
– Toi, nulle? Tu blagues ou quoi? réagit Tom. Tu travailles super bien, tout le monde le dit, et, en plus, t'es la chouchoute de tous les profs.
– Pff! N'importe quoi! Je suis toujours dans mon coin à me dire que je vais pas y arriver.
– Je vais vous dire, moi, répond Pierre, l'essentiel, c'est de participer! Tu t'intéresses, tu poses des questions, tu lèves le doigt...
– Moi, j'appelle ça de la lèche, réplique Tom.
– C'est pas de la lèche, Tom, dit Lola. Parce qu'en vrai tu t'ennuies nettement moins quand tu participes, crois-moi! Avant, j'étais comme toi, Nadia, j'osais pas... Et puis, un jour, j'ai dû faire un exposé en histoire. J'étais terrorisée... Ensuite, petit à petit, j'y ai pris goût, j'étais lancée. En plus, tout le monde était intéressé, alors je me suis dit que peut-être, quelquefois, j'avais aussi des trucs à dire qui valaient le coup.
– J'oserai jamais, je me connais, ajoute encore Nadia.

D'ABORD, IL FAUT AVOIR ENVIE !

Et pour vous, le collège ?

Et vous, comment voyez-vous les choses ? Vous reconnaissez-vous dans ce que dit Momo, qui se demande comment on peut prendre plaisir à travailler, ou dans ce que raconte Tom, qui ne perd pas une occasion de rigoler avec ses potes ? Pensez-vous comme Pierre que « tout dépend du prof » ? Vous arrive-t-il de « bloquer » sur une matière, comme Lola ? Avez-vous parfois le sentiment de ne pas y arriver, comme Nadia ? Êtes-vous d'accord avec l'idée que l'essentiel c'est de participer ? À votre avis, êtes-vous un « bon » ou un « mauvais » élève ? Ni l'un ni l'autre ? Pourquoi pensez-vous cela ? Et aux yeux des autres élèves ? Et selon les professeurs ? Et pour vos parents ?

CHACUN SA VÉRITÉ...

Pour Pierre et Lola, participer en cours est essentiel, Tom, lui, pense que « c'est faire de la lèche », et Nadia est paralysée à l'idée de devoir participer. Nadia se trouve nulle alors que tout le monde la voit comme une bonne élève. Chacun parle de son point de vue, dans sa logique à lui, parce qu'il n'existe pas de vérité qui soit la même pour tous. Il y a des avis, des opinions, des idées qu'on se fait sur une question, des images qu'on a sur une chose, et, bien entendu, il y a comme ça autant de « représentations » d'un même objet qu'on est de personnes sur Terre ou presque. Pour Lola ou pour la sœur de Momo, le fait d'apprendre et de travailler est un plaisir ; pour Momo comme pour Tom, le travail est synonyme de « contrainte », d'« effort » ou même de « torture ». Ils pensent que travailler, c'est faire plaisir aux parents et aux profs ! Certains d'entre vous vont au collège avec entrain, d'autres y vont comme ils iraient en prison. Certains aiment le français, d'autres le détestent, certains se jettent sur les jeux de logiques, les énigmes à résoudre, à d'autres, ça leur donne des boutons !

Toutes ces représentations que l'on construit au fil du temps sur les objets et les personnes nous permettent d'exister, de nous situer par rapport aux autres, d'avoir des opinions, des idées, et c'est indispensable à la formation de notre personnalité.

D'ABORD, IL FAUT AVOIR ENVIE !

D'OÙ VIENNENT NOS VISIONS ?

Elles se construisent chez chacun depuis l'enfance sans qu'on s'en rende forcément compte. La vision que vous avez d'un « objet » (un objet, ça peut être « le collège », ou bien « l'anglais ») vient un peu de celle des parents (ou en opposition à celle des parents), un peu de celle de l'entourage, mais elle vient aussi parfois d'une simple expérience. Il vous suffit d'avoir eu un 5 en maths pour penser que vous n'aimez pas les maths ou que vous êtes nul en maths ! Le seul fait d'avoir « bloqué » une fois vous persuade que vous allez « bloquer » toujours. Et vous figez comme ça une image, une vision, sur une expérience malheureuse, ou suite aux propos de quelqu'un de votre entourage qui a eu la maladresse de déclarer un jour que vous étiez nul en maths ! Vous vous ramassez comme ça une étiquette de « nul en maths » en pleine figure ! Et vous le croyez comme si cette parole était la vérité.

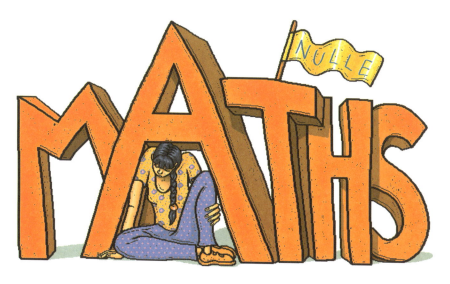

ÇA MARCHE AUSSI POUR LES PERSONNES !

De la même façon, vous vous construisez une image des personnes qui vous entourent. Là encore, il y a plusieurs façons de procéder : on a des sortes de classements tout faits qui nous permettent de catégoriser les gens. Quand on parle des profs, on ouvre le petit tiroir « profs » dans notre tête et on parle des profs à coups de grandes généralités (ils sont comme ci, comme ça)… On peut aussi parler de « ceux qui portent une cravate » ou bien des « filles de sixième ». Parfois, votre vision de l'autre se construit suite à un bref échange : vous trouvez telle élève « pimbêche » parce qu'elle ne vous a pas dit bonjour dans le couloir, ou tel prof « sévère » parce qu'il a envoyé votre ami chez le directeur.

D'ABORD, IL FAUT AVOIR ENVIE !

Et vous vous construisez aussi une image de vous-même un peu à partir de ce que vous renvoient les autres, mais beaucoup à partir de ce que vous imaginez que les autres pensent de vous. Quelquefois, ça se complique un peu parce que les représentations qu'ont les profs de vous (ou bien qu'ont les autres élèves de vous) contredisent un peu les vôtres (Tom voit Nadia – qui se trouve nulle – comme une bonne élève, il pense qu'elle est la chouchoute des profs alors qu'elle se sent isolée dans son coin...). On croit qu'on parle du même objet ou de la même personne, mais on en parle chacun dans sa vision. Et on a parfois un peu du mal à se comprendre !

QUAND NOS VISIONS DEVIENNENT RÉALITÉ...

Il arrive souvent qu'on « fige » ces visions qui sont les nôtres. Elles nous collent à la peau, et on les prend pour la réalité, une réalité qu'on ne pourrait plus changer... Momo et Tom semblent s'être installés dans le rôle de mauvais élèves, tout comme Lola reste persuadée qu'en réalité elle est nulle en maths et que personne ne peut rien y faire, même pas elle ! Nadia croit sûrement dur comme fer qu'elle est née « timide » et qu'elle le restera...

Ce qui est plus gênant encore, c'est que les représentations décident du comportement, c'est-à-dire qu'on va se conduire en fonction de nos visions des situations, des choses et des personnes. Si vous trouvez la physique impossible, vous l'aborderez d'entrée comme un « truc hypercompliqué », si vous trouvez un prof sévère, vous n'oserez pas lui parler. Si le mot « travail » vous fait soupirer, peu de chances que vous y trouviez du plaisir… Dommage!

CERTAINS GLISSENT DANS UNE « BOUCLE D'ÉCHEC »…

Finalement, à partir d'une difficulté rencontrée à un moment donné (par exemple, une mauvaise note), parfois renforcée par l'entourage (qui vous a qualifié de « bon à rien »), c'est vite fait de vous dire que vous êtes nul en français, et puis que, d'ailleurs, vous êtes nul à l'école, et qu'enfin vous êtes nul tout court… Il ne vous reste plus alors qu'à vous comporter en « parfait mauvais élève », soit passivement comme Momo, qui zieute la pendule en attendant que ça passe, soit dans le rôle de cancre comme Tom, qui fait rire les copains. L'entourage vous renverra une réaction négative (mauvaises notes, « engueulades » en règle) et, si vous aviez encore un doute, vous serez cette fois convaincu d'être nul pour de vrai!

D'ABORD, IL FAUT AVOIR ENVIE !

CHANGER NOS VISIONS !

remière condition : il faut en avoir envie ! Il arrive qu'on retire un avantage d'une situation : Tom est reconnu dans le rôle du pitre, Nadia dit peut-être qu'elle est « incapable » pour s'entendre dire le contraire.

Mais peut-être aussi que Momo, Tom, Nadia ou Lola ont vraiment envie de changer pour surmonter leurs difficultés. Alors là, ça vaut le coup d'essayer ! Et comme on disait que nos représentations décident du comportement... Si on arrive à changer de représentation, par exemple des maths, on devrait aborder les maths d'une autre manière. C'est en tout cas ce que pensent la plupart des auteurs en psychologie sociale qui s'intéressent à cette question. Eh oui, le travail peut devenir un jeu !

ALORS, PLACE À LA MOTIVATION !

ans elle, les chercheurs, les pédagogues, les professeurs, tous, tous sans exception, vous diront qu'ils ne peuvent rien faire.

Un dicton dit qu'on « ne fait pas boire un âne qui n'a pas soif ». Personne n'a encore trouvé le moyen d'apprendre quelque chose à quelqu'un qui n'en a pas envie. On peut bien essayer de lui « bourrer le crâne à coups de marteau », vous savez très bien que ça ne sert à rien.

D'ABORD, IL FAUT AVOIR ENVIE !

Si on interroge les profs sur leur métier, la première difficulté qu'ils évoquent, c'est cette question de la motivation des élèves. C'est difficile de motiver quelqu'un parce la motivation est un sentiment qui appartient à chacun. Et, du coup, ça ne se travaille pas comme de la pâte à modeler... Bien sûr qu'un prof passionné et passionnant va motiver ses élèves, bien sûr que vous êtes plus motivés par certaines matières que par d'autres, bien sûr qu'il y a des périodes où vous n'avez goût à rien...

N'empêche que, quand on est motivé, on a des chances de moins s'ennuyer (n'est-ce pas, Momo?),

et de prendre même parfois plaisir à apprendre (mais oui!) et puis de goûter à la réussite, et c'est valorisant aussi (on dit ça pour Tom)… Bref, on se donne la liberté de construire une nouvelle image du collège, des maths (clin d'œil à Lola), des profs (c'est pour Pierre), de soi (coucou, Nadia), de la classe… Une image qui nous donne vraiment envie, tout simplement.

D'ABORD, IL FAUT AVOIR ENVIE !

PRENDRE DU RECUL !

Le secret, c'est de prendre du recul. L'entourage peut aider... Rien qu'en écoutant l'image différente qu'a la copine, le copain, la frangine (et, après tout, s'ils avaient raison aussi?).

Prendre du recul, c'est vous « regarder » vous-même : par exemple, votre façon d'aller au collège (en traînant des pieds?), ou d'en revenir (éviter le moment des devoirs?). Et pourquoi vous mettez-vous systématiquement au fond de la classe?

Prendre du recul, c'est chercher l'intérêt que vous avez à vous comporter de telle ou telle manière. (Il y en a forcément un, même caché, cherchez bien.) Alors, pour vous, le collège : plaisir ou obligation? Le travail : jeu ou corvée? Le français : l'horreur ou le bonheur? L'histoire? Rasoir? L'anglais? Trop laid? Et la classe? Sympa ou tous des tocards? Les surveillants : des flics ou des aides? Les profs : des partenaires ou bien des juges? À vous de jouer maintenant, il est temps!

RECADRER VOTRE VISION

Changer votre représentation, c'est alors recadrer votre vision d'une situation ou d'une personne, la voir avec des yeux nouveaux. Vous connaissez l'histoire de Tom Sawyer qui a pour punition de repeindre sa barrière? Manque de pot, il habite sur le chemin de la plage, et tous les copains vont le narguer en passant. Il a alors l'idée de génie de transformer sa punition en plaisir : un petit coup de pinceau par-

D'ABORD, IL FAUT AVOIR ENVIE !

ci, un par-là… Il chantonne en travaillant. Tous les copains s'arrêtent, envieux. Et les copains finissent par le payer pour pouvoir peindre à sa place !
Après tout, même Momo trouve que la bio ça peut être pas mal, mais il n'ose pas le dire parce qu'il a peur du regard des autres. On hésite parfois à changer par crainte du jugement… Vous verrez, en fait, les autres seront peut-être étonnés, mais dans le bon sens. Ils vous regarderont avec un peu de jalousie, parce que, finalement, ça les arrangeait bien que vous restiez dans votre rôle de « cancre » ou de « timide ».

Alors, d'accord pour un petit test ?

Consigne : reliez les 9 points entre eux par quatre traits droits sans lever le crayon.

Essayez, encore, et encore (promis, c'est possible), puis rendez-vous page suivante.

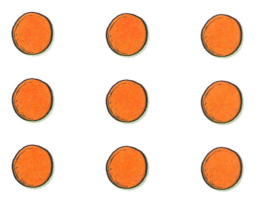

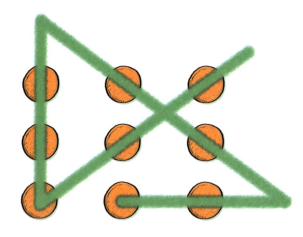

Pour trouver la solution, on a besoin de sortir de la vision d'un carré « qu'il ne faudrait pas dépasser » : ce carré, on l'a « carrément » inventé et on l'a pris pour la réalité ! Voilà comment sortir de ses propres représentations ! (Test tiré de *Changements*, Watzlawick, Points, 1981.)

ÊTRE MOTIVÉ ET... LE MONTRER !

En voyant les choses d'un œil neuf, on y trouve un intérêt nouveau. On ne ressent plus le même blocage ou le même découragement liés à notre ancienne vision. On fait preuve d'une certaine curiosité qui est celle de la découverte, ou de la « redécouverte »... Et il n'y a rien de plus super que d'apprendre quand on est motivé ! Il n'y a rien de plus super que de voir une personne motivée en face de soi : elle a le regard qui brille et elle est prête à franchir des montagnes pour arriver à ce qu'elle veut. Encore faut-il que ça se sache !
Nadia a beau être motivée, si elle reste dans son

D'ABORD, IL FAUT AVOIR ENVIE !

coin sans ouvrir la bouche, on ne peut pas deviner son intérêt et on la laissera dans son coin, pensant que c'est son choix. Si vous montrez votre motivation en participant, petit à petit, l'image qu'a le professeur de vous va changer aussi. (Tiens, Lola s'est mise au premier rang en maths, Nadia a ouvert la bouche…) Petit à petit, sans même vous en rendre compte, vos relations avec les autres vont changer également… Vous existerez dans la classe, votre avis comptera, les professeurs vous regarderont quand ils parleront, on comptera avec vous, sur vous… Alors, quelles que soient vos difficultés d'« avant », vous voici prêt. Prêt à quoi ? À travailler, bien sûr !

ENSUITE, IL FAUT

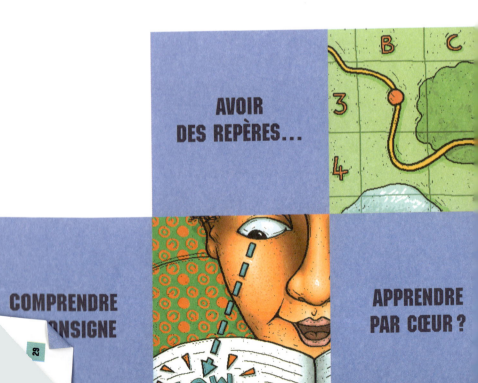

AVOIR DES REPÈRES…

COMPRENDRE [CO]NSIGNE

APPRENDRE PAR CŒUR ?

DES MÉTHODES !

POUR Y ARRIVER !

NE PAS SE PRESSER...

 CONSTRUIRE UN PLAN...

MOMO RACONTE :

Catastrophe, blocage, feu rouge!
Je demande que ça d'y arriver, moi! Enfin, y arriver un minimum, quoi! Je m'ennuierais moins au collège, c'est clair. Mes parents seraient contents, et tous ceux qui répètent que je suis nul seraient « cramés », alors, rien que pour ça...
J'ai voulu essayer, pour voir. Je me suis mis au premier rang en langues, je me suis forcé à écouter en français et en maths, j'ai même posé des questions des fois, surtout en bio, parce que c'est ce qui me branche le plus... Je me suis même proposé pour faire un exposé sur la vie des abeilles! Depuis plusieurs soirs, j'essaye de m'y mettre, de faire mes devoirs en arrivant à la maison (depuis, l'ambiance est nettement plus cool...). Et alors là, catastrophe, blocage, feu rouge! Comment on fait?

ENSUITE, IL FAUT DES MÉTHODES !

Je sais pas par quel bout m'y prendre. C'est bien joli tout ça, d'avoir envie de s'y mettre et tout, mais c'est pas évident... Tiens, par exemple, le prof te donne une leçon de grammaire à apprendre, eh bien, c'est idiot peut-être, mais comment on fait pour apprendre une leçon ? Il y a même des consignes de travail que je ne comprends pas, alors... J'ose même pas penser à la rédac qu'on doit rendre en français ou à l'exposé de bio. Je suis fou de m'être embarqué là-dedans !

Enfin, je regrette pas, parce que c'est vachement intéressant les abeilles, leur vie sociale et tout... Et puis la prof, du coup, elle m'a dit qu'elle me donnerait des documents et qu'elle pourrait aussi me filer un coup de main. Faut que j'assure maintenant...

LOLA, TOM, NADIA ET PIERRE RÉAGISSENT :

C'est « Nadia la timide » qui surprend tout le monde en parlant la première :
- Moi, c'est surtout pour apprendre que j'ai du mal. La prof de français, elle nous a donné une fiche avec des conseils pour apprendre une leçon au début de l'année. Mais bon, je ne sais jamais trop s'il faut savoir par cœur ou quoi... Quand c'est court, ça va, mais quand c'est long comme en histoire... Pff! Je m'en sors pas.

Tom prend le relais :
- Ben moi, le pire, c'est les rédacs, dur, dur... Surtout parce que j'aime bien ça, écrire. Je commence impeccable, ça va tout seul, j'écris, j'ai plein d'idées... Et puis, au bout d'un moment, le trou, je sais plus quoi mettre, j'ai l'impression d'être à côté du sujet complet... Alors, je bâcle une fin vite fait...

- C'est parce que tu ne fais pas de plan, répond Pierre, sûr de lui. Pour les rédacs, y a qu'à faire un plan. Après, tu sais où tu vas, c'est fastoche.

- T'es marrant, toi, c'est pas évident, Monsieur Y-a-qu'à! réagit Lola un peu agacée. Encore faut-il savoir comment on fait un plan!

ENSUITE, IL FAUT DES MÉTHODES !

Pierre hésite :
– Ben, c'est pas dur... Mais bon, pour expliquer, c'est autre chose... Faudrait un exemple.
Lola reprend :
– Et puis c'est vachement contraignant de faire un plan. Mais le pire pour moi, c'est l'explication de texte. L'autre jour, il fallait trouver « l'essence littéraire du texte »... Rien que ça ! J'ai cru halluciner.
– Tu vois, finalement, tu vas te mettre à aimer les maths, lui dit Tom.
– En maths, j'ai toujours le même genre d'observation : à démontrer, ou encore « d'où vient ce résultat ? ».
– Notre prof de maths, il nous a super bien expliqué comment présenter son travail, en nous conseillant de faire des phrases avant ou après chaque calcul, dit Nadia.
– Il doit bien exister des conseils valables pour toutes les classes et toutes les matières, non ? Qu'est-ce que tu en penses, Pierre ? interroge Lola.
– Tu demandes son avis à Monsieur Y-a-qu'à ? répond Pierre avec ironie.
Les quatre copains éclatent de rire en même temps.

ET VOUS, COMMENT TRAVAILLEZ-VOUS ?

Avez-vous de la difficulté parfois comme Momo à savoir « comment vous y prendre » pour faire un travail demandé ? N'avez-vous pas de temps à autre le sentiment, comme Lola, que ce qu'on vous demande n'est pas clair pour vous ? Comment faites-vous quand vous ne comprenez pas une question posée dans un devoir ? Trouvez-vous difficile, comme Nadia, d'apprendre une leçon, surtout quand elle est longue ? Avez-vous tendance à rédiger comme Tom, « bille en tête », quitte à vous retrouver coincé peu après ? Vos professeurs ou vos parents vous ont-ils donné des méthodes de travail ? Les utilisez-vous ? Quelquefois ? Jamais ? Pour vous, c'est quoi une méthode ? Et à quoi ça sert ?

ENSUITE, IL FAUT DES MÉTHODES !

UNE MÉTHODE, CE N'EST PAS UNE RECETTE

Si vous cherchez des recettes pour « faire une rédaction », ou « apprendre une leçon » comme on a des recettes pour « faire une omelette » ou un « gâteau aux pommes » qui marchent à tous les coups si on les suit au pied de la lettre, c'est raté. Ça ne peut pas exister, tout simplement parce que chacun a sa façon de travailler et sa personnalité. Et aussi parce que chaque sujet posé est différent, et enfin parce que l'attente du prof n'est pas forcément celle d'un autre prof qui poserait la même question. Bref, chaque travail est unique ! (Même un plat, quand on suit la même recette, n'aura pas le même goût d'une fois à l'autre, alors !) D'un côté, heureusement, sinon on s'ennuierait ferme, on n'aurait plus qu'à appliquer les conseils dans l'ordre pour chaque type de boulot, bonjour l'imagination !

N'EMPÊCHE QU'ON A BESOIN DE REPÈRES

Même si la recette miracle n'existe pas, il faut quand même savoir où on va avant de s'embarquer… Imaginez un peu un maçon qui construirait une maison sans plan : il commencerait à monter les murs sans savoir où il va mettre le salon ou la salle de bains ! (Comme Tom en rédac !) Il risque de se retrouver avec une drôle de maison, plutôt biscornue, où il faudra peut-être passer par les toilettes pour aller à la cuisine parce qu'il avait oublié de les prévoir ! Quand vous partez une journée en randonnée, vous vous fixez d'abord un but, vous calculez par où vous allez passer, vous comptez le temps qu'il vous faudra, puis vous préparez ce qu'il vous faut pour y aller. C'est la même chose pour un devoir ou un n'importe quel travail : ça se prépare !

Sinon, la rédaction (ou l'exposé) ne tiendra pas debout. Préparer, c'est faire le plan et c'est aussi construire les fondations de la maison, en souterrain, sans que ça se voie au bout du compte. C'est indispensable pour bâtir solide.

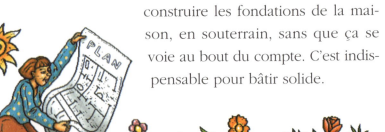

ENSUITE, IL FAUT DES MÉTHODES !

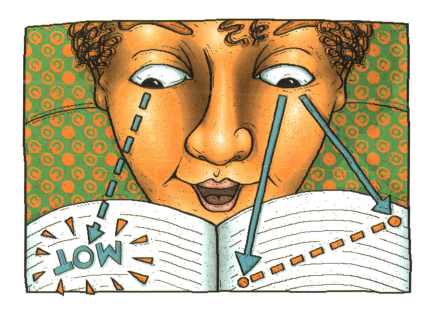

DOUCEMENT QUAND ON EST PRESSÉ !

Première étape : comprendre, et même bien comprendre, ce qu'on vous demande. Êtes-vous sûr des mots de la question posée, du sens de cette question, de ce que veut dire le sujet ? Êtes-vous sûr de bien comprendre le texte que vous devez résumer ? Trop souvent, vous lisez trop vite, sans prendre le temps de travailler la question, le sujet, le texte. Vous jetez un œil vite fait, vous lisez en diagonale, vous vous arrêtez à un mot qui vous parle, à une idée qui vous plaît, et, sans réfléchir, hop ! vous démarrez en rédigeant d'entrée (comme Tom) à partir de votre vision de ce qu'on vous demande, ou à partir de ce que vous croyez comprendre. Pas vrai ? Alors, prenez un papier, un crayon. Montre en main, vous avez deux minutes pour faire le petit jeu qui suit.

Petit test pour le fun !

1. Vous avez deux minutes pour répondre aux 22 lignes de ce test
2. Lisez tout avant de commencer
3. Mettez votre nom dans le coin droit, en haut de la feuille
4. Faites l'opération 30 x 17
5. Signez votre nom dans le coin gauche, en bas de la feuille
6. Faites trois croix en haut à gauche
7. Entourez les trois croix d'un cercle
8. Multipliez 21 par 35
9. Entourez le résultat d'un cercle
10. Écrivez le mot « droit » au milieu de votre feuille
11. Soulignez ce mot
12. Dites votre nom à voix haute
13. Entourez votre signature d'un cercle

ENSUITE, IL FAUT DES MÉTHODES !

14 Écrivez le nombre de lignes de ce test près de votre signature

15 Entourez votre nom d'un rectangle

16 En bas à droite, faites un triangle dans le cercle

17 Écrivez votre date de naissance dans ce triangle

18 Divisez 36 par 12

19 Écrivez le nom de votre chanteur préféré en gros en bas de la feuille

20 Entourez ce nom

21 Ne suivez que les instructions 2, 3, 21 et 22

22 Rendez-vous au corrigé

(TEST INSPIRÉ DU SORA, MÉTHODE D'ENTRAÎNEMENT MENTAL)

Qui a commencé à faire les opérations ? Avez-vous bien lu les corrigés 2 à 21 ? Vous aurez compris avec ce test qu'on a intérêt à lire la consigne en entier avant de commencer un travail ! Si vous apprenez à « perdre un peu de temps » au départ, vous le regagnerez par la suite.

Prenez le temps de comprendre la demande, en définissant les mots clés de la consigne, en formulant autrement, avec vos mots, ce que vous devez faire, ce que vous pouvez faire. Prenez le temps de réfléchir un peu avant de commencer à rédiger.

TROUVEZ ALORS « VOTRE » MÉTHODE

Comme pour la randonnée, vous allez maintenant réfléchir à comment vous y prendre pour construire le travail demandé. Vous allez baliser des étapes pour chaque travail, à partir de votre façon de fonctionner, à partir du sujet posé ou de la leçon à apprendre. Et, bien sûr, à partir des conseils qu'on vous donne !

Des conseils ? D'accord, on va vous en donner tout de suite. Mais rappelez-vous que c'est à vous de jouer ! Sinon, vous allez faire comme Nadia ou Lola, qui classent sagement les méthodes données par les profs sans même essayer de s'en servir. C'est comme les règles d'un jeu : si on vous explique comment jouer à la belote mais que vous ne vous entraînez pas, vous ne saurez jamais jouer… Alors, pareil pour la rédac ou le résumé : à vous de transformer, d'arranger, de traduire les conseils donnés pour les adapter à votre façon de faire. À vous d'essayer avec d'autres exemples. Prêts ? C'est parti pour les exemples !

ENSUITE, IL FAUT DES MÉTHODES !

COMPRENDRE UNE CONSIGNE, UNE QUESTION

D'abord, lisez attentivement, par exemple en soulignant (ou en surlignant) les mots les plus importants (qu'on appelle les mots clés).

• Ensuite, définissez ces mots clés, ou seul, ou en en parlant avec quelqu'un de votre entourage, ou encore à l'aide d'un dictionnaire. Essayez d'être précis, évitez le genre de définition comme « c'est un truc… ».

• Puis reformulez, redites avec d'autres mots la question, ou le sujet, ou la consigne.

• Enfin, répondez à la question suivante : « Qu'est-ce qu'on me demande vraiment ? »

Pour illustrer, prenons la consigne qui fait halluciner Lola : « Dégagez l'essence littéraire du texte »… Lola cherche les mots clés : « essence », « littéraire ». Que dit le dictionnaire ? « Essence » : nature, caractère fondamental, réalité… Bof ! Et « littéraire », vient de « littérature » : œuvre écrite avec une recherche esthétique…, avec une recherche de la beauté…
C'est donc une œuvre écrite avec une recherche de la « belle écriture », un souci du style… Donc, Lola sait qu'elle doit trouver des expressions dans le texte qui montrent la recherche de l'auteur d'un style d'écriture soigné, en langage soutenu.
Tom se casse la tête : il étudie un article de presse et on lui demande : « Par quels procédés certaines informations sont-elles mises en valeur ? »
Tom cherche les mots clés : « procédés », « mises en valeur »… Pour les informations, c'est facile : c'est

ENSUITE, IL FAUT DES MÉTHODES !

le contenu de l'article. Alors, « procédé »… C'est comment on procède, comment on s'y prend, par quels moyens on arrive à ce qu'on veut… Quand une information est mise en valeur, elle saute aux yeux, on la voit mieux et plus vite que le reste…

Tom a compris la consigne, et il la redit avec d'autres mots : il faut trouver les techniques qui font ressortir certaines informations dans l'article (par exemple, c'est écrit plus gros, il y a une photo, c'est encadré…). « Facile, quand on a pigé ce qu'on nous demande », pense Tom.

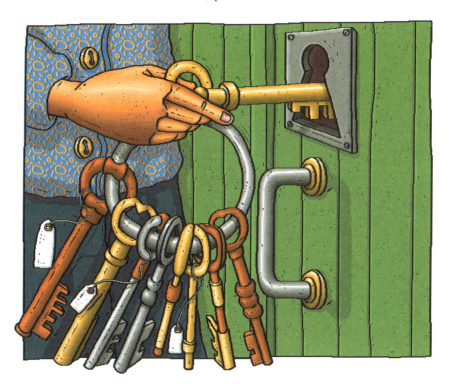

En résumé, pour comprendre une consigne, il faut définir avec précision les mots clés, puis dire avec d'autres mots ce qu'il s'agit de faire.

APPRENDRE UNE LEÇON

D'abord, regardez bien le titre de la leçon, il annonce de quoi la leçon va parler.

Si la leçon est très courte, comme une formule de maths ou une règle de grammaire, il n'y a pas le choix, il faut l'apprendre par cœur (comme les tables de multiplication ou les verbes irréguliers en anglais). Mais on apprend mieux si on en comprend l'utilité : à quoi ça sert de savoir les verbes irréguliers en anglais? A quoi ça sert de connaître les propriétés d'un triangle?

Nadia apprend par cœur que « le participe passé employé avec l'auxiliaire avoir ne s'accorde jamais avec le sujet du verbe ». Enfin, elle saura – une bonne fois pour toutes! – comment écrire « mangé » dans « ils ont mangé la galette ». Momo récite ses tables de multiplication, car il est coincé pour chaque calcul.

Apprendre par cœur, ça veut dire qu'il vous faut pouvoir la réciter de tête, sans regarder le livre ou

ENSUITE, IL FAUT DES MÉTHODES !

le cahier. Certains apprennent mieux en recopiant, d'autres en lisant plusieurs fois, d'autres encore en s'enregistrant, ou en répétant et répétant, ou bien en imprimant les mots dans le cerveau en fermant les yeux, tous les procédés sont bons, à chacun ses trucs…

Si la leçon est longue, surtout, n'essayez pas le par cœur. L'idée, c'est de comprendre le sens global, puis de garder l'essentiel.

Pour comprendre, vous pouvez lire un paragraphe et, ensuite, essayer d'expliquer à voix haute ce que vous venez de lire. Si vous travaillez à deux, l'autre peut vous poser des questions, ou vous pouvez même discuter de ce que vous avez compris l'un et l'autre. Un adulte vous expliquera d'une autre manière, en donnant des détails qui ne sont ni dans le livre ni dans le cahier et qui permettent de comprendre.

Pour voir ce que vous avez retenu, le mieux est d'écrire ce qui paraît essentiel. Sans chercher à faire des phrases. Du genre : un tiret, une idée. Par exemple, écrire les quelques mots clés de la leçon, ils vous permettent de retrouver tout le reste (tel mot nous fait penser à telle idée). Ces mots clés sont souvent dans les sous-titres de la leçon ou bien dans ce qui est encadré dans le livre. C'est toujours utile de lire dans le cahier le cours du professeur et de le comparer ensuite à ce qu'il y a dans le livre. Dans le livre, l'essentiel est facile à repérer. Dans le cahier, vous trouvez des détails qui rendent la leçon vivante. Quelquefois, c'est l'inverse, mais les deux se complètent toujours bien. Avec en tête, le titre, les sous-titres et quelques mots clés, et, si vous avez bien compris le sens, vous devriez être capable de développer n'importe quelle question sur le sujet.

Tom prépare un contrôle d'histoire sur « les seigneurs et les rois au XIIIe siècle ». D'abord, il s'agit

ENSUITE, IL FAUT DES MÉTHODES !

de comprendre : il lit sa leçon sur le cahier, puis sur le livre, regarde les documents. Il relit l'essentiel de la leçon et dit à voix haute ce qui est à retenir :
– Première idée : il y a des dominants (les seigneurs) et des dominés (les vassaux), qui doivent obéissance et qui s'engagent à servir un seigneur (cet engagement s'appelle l'hommage).
– Deuxième idée : le seigneur est maître des terres, il donne au vassal une terre (appelée fief) en échange de son obéissance.
– Troisième idée : le seigneur est maître des paysans : il a le droit de les commander, de les punir. Il les protège aussi. En échange, les paysans doivent payer des impôts (banalité et taille).
Tom écrit au brouillon : seigneurs – vassaux (obéissance : hommage. Droit de punir, de commander). Fief donné par le seigneur au paysan + protection du seigneur. Échange : impôts (taille, banalité).

En résumé, pour apprendre une formule, une règle : d'abord comprendre à quoi elle sert, puis faire appel à la mémoire en retenant par cœur.
Pour apprendre une leçon longue, lire, relire, puis dire à voix haute ce qu'on a retenu d'essentiel (c'est souvent résumé dans les titres, sous-titres, encadrés dans le livre), être capable de donner des exemples. Écrire l'essentiel au brouillon (les dates, les mots importants, les noms propres) est une aide. Dire à voix haute fait appel à la mémoire auditive (on entend), écrire fait appel à la mémoire visuelle (on voit), mieux vaut se donner toutes les chances de retenir, et donc faire les deux !

RÉSUMER UN TEXTE OU TROUVER LA STRUCTURE D'UN TEXTE

LE RÉSUMÉ

Un résumé est un modèle réduit d'un texte, d'un article ou d'un livre, et non une épreuve d'imagination. Vous devez présenter les idées essentielles du texte, sans changer le contenu ou le sens, en essayant même de reprendre le style d'écriture de l'auteur. On ne vous demande pas votre avis. Le résumé sert à montrer que vous pouvez comprendre la pensée d'un auteur et la présenter en quelques lignes.

Si vous avez un temps limité en classe, décidez du temps que vous passerez sur chacune des étapes à l'avance : lecture, relevé des idées, plan, rédaction... C'est le relevé des idées et la rédaction qui mangeront le plus de temps. Et travaillez avec la montre posée sur le bureau!

Prêt? Voyons comment procéder étape par étape.

- Repérez bien le titre et lisez une fois tout le texte. Puis écrivez au brouillon de quoi parle le texte, donnez-lui un autre titre plus long en quelque sorte. Cette première lecture attentive vous permet d'avoir un aperçu clair du contenu et du style d'écriture.

ENSUITE, IL FAUT DES MÉTHODES !

● Relisez le texte en soulignant (ou en surlignant) les mots clés. Dans la marge, ou au brouillon, écrivez en style télégraphique (sans chercher à faire des phrases), l'idée de chaque paragraphe en condensé. C'est l'étape la plus importante du résumé. Les mots clés que vous avez soulignés peuvent vous aider à retrouver l'essentiel. Si vous avez un livre entier à raconter, écrivez l'idée et les événements essentiels après la lecture de chaque chapitre.

● À l'étape suivante, vous allez bâtir le plan du résumé. Un plan, c'est une suite de titres. Il vous faut donc mettre un grand titre sur chaque partie du texte (quelquefois, une partie regroupe plusieurs paragraphes). Par exemple, un article vous expose un problème, en explique les causes, étudie les solutions essayées et propose d'autres solutions. Les titres s'enchaînent les uns aux autres en suivant la logique du texte : problème, causes, solutions, projets.

● Quand vous avez le plan, il vous reste à rédiger le résumé. Comme vous avez vos titres et vos idées notées en marge du texte (ou au brouillon), vous n'avez plus besoin du texte (ou du livre), ce qui vous évite le piège de recopier des passages entiers.

Si vous n'êtes pas très à l'aise à l'écrit, reprenez les idées que vous avez griffonnées en style télégraphique, et mettez-les en phrases courtes et simples. Sautez une ligne entre deux parties (au fait, n'écrivez pas vos titres sur la copie, ils vous ont servi à construire le plan, mais on ne les voit plus après, comme les fondations de la maison).

Si vous êtes à l'aise pour rédiger, c'est le moment de gagner des points en recherchant des phrases originales dans la syntaxe et le vocabulaire (mais, surtout, sans changer le contenu!).

Si le texte à résumer n'a pas d'introduction ou de conclusion, ce n'est pas la peine d'en mettre une (sauf si le prof vous le demande, bien sûr!).

Voici un exemple de texte à résumer extrait d'un article de Mathilde Giard, paru dans *L'Actu*, du 3 février 2001.

Les premiers pas des hypermarchés du Net

C'est gigantesque. Avec des rangées interminables d'ordinateurs, un escalier qui emmène l'internaute au sous-sol dans un 2ᵉ hall, des cloisons de bois clair dans lesquelles sont incrustés des écrans à n'en plus finir... Et tous les trois mètres, entre deux ordinateurs, des pubs vantent les mérites d'une grande marque de café, à boire dans la partie cafétéria. Une couleur domine, l'orange. C'est la touche d'easyEverything, chaîne britannique de cybercafés géants. Le premier du genre en France vient de voir le jour à Paris. À l'ouverture, l'espace s'est rempli en quelques minutes. Le patron, Stelios Haji-Ioannou, a ouvert lui-même les portes après un décompte cérémonial, comme pour le lancement d'une fusée...

ENSUITE, IL FAUT DES MÉTHODES !

Que garder comme idées de la lecture de ce premier paragraphe ?

En vrac, on peut noter :

– Ouverture d'un immense cybercafé à Paris : EasyEverything, chaîne britannique.

– Un gigantesque paradis orange des écrans, des cloisons, de la pub.

– Succès immédiat : plein de monde à l'ouverture présentée comme une cérémonie.

Attention, on peut garder ces trois idées, mais peut-être les noterez-vous différemment. Ce n'est pas gênant, le contenu seulement compte. Si vous trouvez difficile de repérer l'essentiel, ne vous découragez pas, c'est le moment le plus délicat du résumé. Quand vous saurez faire ça, vous aurez vraiment tout compris du résumé ! Si ça vous paraît évident, méfiez-vous et entraînez-vous à noter les évidences !

Maintenant, on trouve des titres aux idées pour chercher un plan. Entre parenthèses, on détaille ce qu'on pourrait mettre sous chaque titre.

– Un événement : ouverture du premier gigantesque cybercafé à Paris (EasyEverything, chaîne britannique, paradis orange, forte fréquentation).

Voilà, le travail est à poursuivre de la même manière pour la suite de l'article. Il ne vous restera plus qu'à mettre le plan des idées en phrases. Vous voyez, étape par étape, on y arrive ! Avec un peu d'entraînement, bien sûr…

TROUVER LA STRUCTURE D'UN TEXTE

Le professeur de français vous demande souvent de retrouver la structure d'un texte, par exemple le « schéma narratif » d'un conte ou d'une nouvelle. Les questions qui vous sont posées après le texte vous guident dans votre travail : on vous demande de définir la « situation initiale », puis de repérer l'« élément perturbateur » qui modifie la situation initiale. On vous demande ensuite de décrire les différentes « séquences narratives » : les épisodes, les actions, les péripéties. Enfin, vous devez présenter la « résolution » ou le déroulement jusqu'à la situation finale.

Les questions offrent un cadre qui facilite le travail. Il faudra juste penser à bien argumenter les choix de vos réponses. Sinon, la façon de procéder est identique au résumé.

En bref, pour le résumé, comme pour trouver la structure d'un texte : lisez bien le texte, comprenez le sens général, travaillez les consignes, les questions, ce qu'on vous demande, relisez le texte avec un crayon ou un surligneur : cochez les mots clés, les passages importants, écrire dans la marge ou au brouillon en style télégraphique le contenu de chaque passage. Repérez bien le plan, c'est-à-dire les différentes parties du texte, quitte à leur donner des titres. Soyez vigilant à la rédaction : le choix des mots, une syntaxe correcte.

ENSUITE, IL FAUT DES MÉTHODES !

CONSTRUIRE UN PLAN

On en a besoin pour une rédaction, pour un exposé, et parfois pour le développement d'une question d'histoire à argumenter. Dans le résumé, on trouve le plan à partir du texte. Dans la rédaction, on bâtit un plan à partir d'un sujet (« Racontez votre première boum »), ou d'une question d'histoire (« L'Allemagne, un pays totalitaire »), ou d'un thème d'exposé (« La vie des abeilles »).

• D'abord, bien comprendre la question posée, le sujet de la rédaction, le thème de l'exposé… N'hésitez pas à définir les mots importants, même à l'aide du dictionnaire. Reformulez ce qu'on vous demande. Réfléchissez bien à ce dont vous allez parler. Passez du temps à cerner de quoi vous pouvez parler, et ce qui serait hors sujet.

• Ensuite, réunir toutes les idées qui vous viennent, toutes! (Un maçon vérifie qu'il a tous les matériaux qu'il lui faut avant de construire son mur.) Notez ces idées comme elles se présentent à votre esprit, en vrac, au brouillon, sans faire de phrases, avec des tirets successifs. Vous avez trop d'idées? Revenez à la lecture du sujet, il y en a sûrement qui débordent un peu du cadre du sujet. (Il vaut mieux avoir trop d'idées, c'est plus facile d'en enlever après que d'en rajouter.) Vous n'en avez pas assez? Réfléchissez encore un peu. Puisez dans les livres, les films, votre vécu, les cours, tout est bon. Vous n'avez vraiment aucune idée ? Aidez-vous d'un

cadre de questions : Je vais parler de **qui**? Il va se passer **quoi**? Cela se passera **quand**? Et **où**? Quelles seront les **réactions** autour?…

Toujours pas d'idées? Sûr? Alors, prenez un plan « tout fait » : voir page 61.

● Maintenant, vous allez essayer d'organiser les idées entre elles. Vous regroupez les idées qui vont ensemble et vous donnez des titres à ces « paquets d'idées », vous éliminez celles qui vous paraissent idiotes. Vous devez arriver à plusieurs grands titres qui vous donnent les parties de votre plan. L'idéal serait d'avoir deux ou trois grands titres en tout. Puis vous classez ces titres dans un ordre logique : par quoi vous avez intérêt à commencer, quoi mettre ensuite, par quoi terminer?

● Sous chaque titre, vous avez vos deux ou trois idées à développer, deux ou trois idées qui viennent illustrer, expliquer, argumenter l'idée contenue dans le titre.

● C'est bon, vous avez votre plan au brouillon? Plus il est détaillé (avec des I, 1, 2, 3), plus ça sera facile de rédiger. C'est le moment de faire l'introduction

ENSUITE, IL FAUT DES MÉTHODES !

et la conclusion. On y gagne facilement des points, première impression du lecteur, mais aussi dernière avant qu'il ne mette sa note…

Dans l'introduction, c'est un plus si vous donnez envie de lire (ou d'écouter) en surprenant un peu : ça s'appelle l'accroche ! Si vous la sentez, et selon le sujet, commencez par une phrase sympa, drôle, percutante ou mystérieuse. Si vous ne la sentez pas (rien de pire qu'une accroche ratée), commencez par rappeler le sujet en le formulant d'une autre manière. Enfin, annoncez les titres de votre plan pour dire comment vous allez vous y prendre pour traiter votre sujet.

Dans la conclusion, il faut résumer l'essentiel de ce que vous avez dit dans le développement, rappeler le moment le plus fort de votre réflexion, puis ouvrir par d'autres questions que pose aussi le sujet (ou ouvrir sur l'avenir !).

Voici un exemple de sujet. Racontez : « Une métamorphose dont je suis le héros. »

Le plan est réalisé par Tom !

PREMIÈRE ÉTAPE :

Tom cherche « métamorphose » dans le dictionnaire : il lit « changement d'une forme en une autre, changement de caractère, transformation brutale du corps et du mode de vie… ». Tom se parle tout seul : c'est un sujet d'imagination, et c'est moi qui dois raconter…

DEUXIÈME ÉTAPE :

Au brouillon, Tom cherche des idées avec le Quand? Qui? Où? Quoi? Et réactions? Il note plein d'idées, en vrac, il verra après. Il écrit :
« transformation en bête poilue? »
Idiot…
« transformation en monstre? »
Classique…
« Transformation en Paul, mon meilleur copain. »
Pas mal, et la réaction des parents, des profs?
« Étonnement, surprise, ils veulent pas y croire, ils nous envoient chez le psychologue. »
Finalement :

« La transformation se passe le matin à la salle de bains, devant la glace.
Au début, Paul et moi, on trouve drôle… »
Trouver une fin… par exemple, « Finalement c'est plus drôle du tout, comment faire pour redevenir moi-même. Si j'avais des pouvoirs cachés? »

ENSUITE, IL FAUT DES MÉTHODES !

TROISIÈME ÉTAPE :

Tom cherche un plan, il met des titres, remet ses idées en dessous de chaque titre :

« 1. Un matin bizarre : Je suis devenu Paul ! (Raconter la transformation.)

2. Les réactions (parents, profs) : rires, puis inquiétude pour Paul et moi.

3. Comment faire : ça devient inquiétant, panique, chercher une solution, découverte des pouvoirs cachés. »

INTRODUCTION :

Il a une idée pour l'intro, il va commencer par donner envie de lire en étant vivant, puis il reformulera le sujet et, enfin, dévoilera un peu de la suite :

« – Paul, au tableau ! Paul et moi, nous nous levons en même temps. Mme Marti ne comprend plus rien et répète en criant :

– J'ai dit : Paul, au tableau !

Paul et moi, on a répondu en même temps :

– Oui, Madame.

Et on est allés tous les deux au tableau. Mais il faut commencer par le début, je vais vous raconter cette drôle d'histoire qui m'est arrivée : une métamorphose. On a bien rigolé au début, Paul et moi, et puis, à la fin, je ne demandais qu'une chose : redevenir moi-même… »

CONCLUSION :

Tom doit résumer l'essentiel de son devoir, puis finir sur un point d'interrogation.

« Drôle d'aventure, enfin drôle au début… J'avoue que j'ai eu bien peur de ne jamais redevenir moi-même… Il va falloir que je me méfie de mon pouvoir à présent… S'il suffit de penser très très fort à quelqu'un pour être lui…

Aujourd'hui, j'ai un contrôle d'histoire… si je pense très, très fort à mon prof, je saurai peut-être le sujet qu'il nous prépare ? »

Tom se sent soulagé, il a tous les matériaux qu'il lui faut, il sait où il va, le voilà prêt à rédiger…

ENSUITE, IL FAUT DES MÉTHODES !

En résumé, pour construire un plan, travaillez bien le sujet et ce qu'on vous demande, notez en vrac toutes les idées qui vous viennent sur le sujet (vous pouvez vous aider de techniques pour trouver des idées), regroupez celles qui vont entre elles, donnez-leur un titre, classez ces titres dans un ordre logique. Puis rédigez l'introduction pour donner envie de lire, présentez le sujet et la manière dont vous allez le traiter. Rédigez enfin la conclusion en résumant l'essentiel et en ouvrant vers l'avenir, ou d'autres questions.

Vous pouvez aussi utiliser un plan tout fait : par exemple, un plan chronologique (Avant-Pendant-Après), ou un plan démonstratif (Le problème-Les causes-Les solutions) ou un plan contradictoire (Pour-Contre ou bien Avantages-Inconvénients) ou un plan par aspects d'une question (le côté historique, économique, social, culturel…).

Momo choisit le plan par « aspects d'une question » pour son exposé sur la vie des abeilles : au début, il présentera l'animal, puis il parlera de son mode de vie (ce que mange une abeille, où elle habite) et aussi de la société des abeilles (la façon dont elles travaillent, le rôle de la reine), enfin, il fera une dernière partie sur le système de communication entre elles (car ça le fascine).

Quand vous avez votre plan au brouillon, et que vous avez rédigé votre introduction et votre conclusion, la suite dépend du travail demandé : écriture au propre pour la rédaction ou la question d'histoire, préparation orale pour l'exposé.

POUR LA RÉDACTION OU LA QUESTION D'HISTOIRE

● Vous avez votre plan, votre intro, la conclusion ? C'est le moment de rédiger…
Si vous avez le temps, faites un brouillon. Sinon, rédigez directement au propre. Avec le guide du plan, en y allant progressivement, ce n'est pas trop difficile. Attention à faire des phrases qui tiennent debout, des phrases pas trop longues et même courtes si vous n'êtes pas à l'aise à l'écrit.

● Attention à la présentation, on perd des points avec une copie cochonne ou une écriture pattes de mouche ! Pensez à supprimer vos titres en rédigeant bien sûr, mais sautez une ligne chaque fois que vous changez de partie du plan, ça aère la copie et ça facilite la lecture.

● Et pensez à gérer votre temps étape par étape. N'hésitez pas à travailler avec la montre !

Une rédaction se fait en quatre étapes : bien comprendre le sujet, trouver plein d'idées, organiser ces idées dans un plan, rédiger l'introduction, la conclusion, puis le développement.
Si le travail dure deux heures en tout, on peut passer un quart d'heure sur le sujet, 20 minutes pour trouver les idées, 20 minutes pour construire un plan, un autre quart d'heure pour rédiger l'intro et la conclusion, 40 minutes pour rédiger, 10 minutes pour se relire… Donc, une bonne heure pour comprendre le sujet et la demande, trouver les idées et les organiser dans un plan avec intro et conclusion, plus une petite heure pour tout rédiger au propre et se relire.

ENSUITE, IL FAUT DES MÉTHODES !

POUR L'EXPOSÉ

Vous avez votre plan détaillé, votre introduction et votre conclusion ? Alors, surtout ne rédigez pas. Ne cherchez pas à écrire des phrases, car l'écrit ne passe pas du tout à l'oral. Vous avez sûrement assisté à un exposé mortel parce que le copain lisait son papier, sans même vous regarder, sans pause… À l'oral, vous avez un public en face et vous devez l'intéresser : pour que votre message passe, il faut capter son attention, être vivant, regarder ce public, peut-être le faire participer, lui demander s'il veut poser des questions…

Donc, le plan détaillé (écrit en gros et lisiblement sur une feuille), ainsi que l'introduction et la conclusion rédigées suffisent. En revanche, préparez des documents, des objets adaptés au sujet

(photos, schémas, cartes, objets, aliments du terroir…) à faire passer (ou goûter!) pour rendre l'exposé vivant, pour illustrer une idée. Préparez peut-être un panneau, dont vous vous servirez au bon moment, à afficher dans la classe. Pensez à l'avance à des petits trucs pour faire participer les élèves : leur poser des questions sous forme de devinettes, leur faire expliquer ce qu'ils savent… La participation des élèves est plus facile à organiser en fin d'exposé.

L'introduction rédigée vous aidera à démarrer. Essayez de ne pas la lire, mais plutôt de la dire en regardant votre public. Sans vous presser. On parle toujours trop vite à l'oral, surtout quand on a le trac. Pour la suite, vous devez avoir sur le bureau votre plan clair et détaillé qui vous permet de savoir où vous en êtes en un simple coup d'œil.

Entraînez-vous chez vous à « dire » votre exposé. Profitez-en alors pour calculer sa durée par rapport au temps dont vous disposez. Votre conclusion rédigée vous aidera à finir en beauté.

ENSUITE, IL FAUT DES MÉTHODES !

En résumé, écrivez lisiblement votre introduction, votre conclusion et votre plan détaillé qui vous rappellent les idées en un simple coup d'œil pendant l'exposé. Préparez des objets ou documents et entraînez-vous à dire votre exposé ! Puis pensez à regarder les réactions de votre public, faites attention à parler fort mais pas trop vite, à répéter, à prendre des exemples, à faire participer les autres au moment voulu, bref, à rendre votre exposé vivant, intéressant. Et n'oubliez pas de regarder la montre !

EXPLIQUER UN TEXTE

L'explication de texte consiste à répondre à des questions sur un texte (ou un poème) pour montrer qu'on le comprend. Ces questions se rapportent à différents aspects du texte : les figures de style, le mode de conjugaison choisi par l'auteur, le vocabulaire qu'il emploie, les procédés d'écriture qu'il utilise (comme les métaphores, ou les hyperboles !). Le but de cette explication est de mettre en évidence l'intention de l'auteur quand il utilise telle figure de style ou tel procédé d'écriture.

Expliquer un texte suppose de lire et même de s'imprégner du texte, de bien comprendre la question posée, puis de s'engager dans une réponse en justifiant celle-ci. Une simple réponse en une phrase ne suffira pas au prof. Il va falloir expliquer la logique qui vous conduit à ce choix de réponse. Comme ça, le prof comprend votre raisonnement. Et son appréciation – ou sa note – portera sur cette démonstration et pas seulement sur la réponse.

D'autant que dans une question d'explication de texte il n'y a pas forcément une seule bonne réponse, il peut y avoir plusieurs réponses acceptables si elles sont argumentées.

- Lisez bien l'énoncé ou la question. Attention à bien comprendre la question et le sens de la demande.
- Ensuite, notez vos idées au brouillon. Cherchez la (ou les) réponse(s) possible(s) et les arguments qui les justifient.
- Choisissez la réponse qui vous paraît la plus juste (ou présentez-en plusieurs si vous n'êtes pas sûr).
- Développez une argumentation en utilisant des éléments pris dans le texte. Relevez des mots, des expressions. Faites des liens entre des passages du texte, ou entre certains passages, et des éléments de l'époque qui permettent de mieux comprendre le sens.
- Rédigez au propre avec des phrases qui expliquent vos choix, votre façon de raisonner, pourquoi et comment vous arrivez à telle réponse. Relevez à ce moment des passages ou des mots précis du texte.

Voici un exemple de texte à expliquer, extrait des *Caractères* de La Bruyère, intitulé « Diphile, ou l'amateur d'oiseaux ».
Une série de questions du prof portent sur l'auteur et son œuvre, sur le repérage de figures de style et la compréhension du texte. Nous prendrons trois questions pour exemple.

ENSUITE, IL FAUT DES MÉTHODES !

Diphile, ou l'amateur d'oiseaux

[Diphile commence par un oiseau et finit par mille : sa maison n'en est pas égayée mais empestée : la cour, la salle, l'escalier, le vestibule, les chambres, le cabinet[1], tout est volière ; ce n'est plus un ramage[2], c'est un vacarme, les vents d'automne et les eaux dans leurs plus grandes crues ne font pas un cri si perçant et si aigu, on ne s'entend non plus parler les uns les autres que dans ces chambres où il faut attendre pour faire le compliment d'entrée, que les petits chiens aient aboyé] : [ce n'est plus pour Diphile un agréable amusement, c'est une affaire laborieuse et à laquelle à peine il peut suffire ; il passe les jours, ces jours qui échappent et qui ne reviennent plus, à verser du grain et à nettoyer des ordures : il donne pension à un homme qui n'a point d'autre ministère que de siffler des serins au flageolet[3], et de faire couver des Canaries : il est vrai que ce qu'il dépense d'un côté il l'épargne de l'autre, car ses enfants sont sans maîtres et sans éducation] ; [il se renferme le soir fatigué de son propre plaisir, sans pouvoir jouir du moindre repos que ces oiseaux ne reposent, et que ce petit peuple, qu'il n'aime que parce qu'il chante, ne cesse de chanter ; il retrouve ses oiseaux dans son sommeil, lui-même il est oiseau, il est huppé, il gazouille, il perche ; il rêve la nuit qu'il mue ou qu'il couve.]

LA BRUYÈRE,
Les Caractères,
« De la Mode ».

M. Martin-Pêcheur apportant à dîner à sa famille, Grandville (1803-1847).

Délimitez précisément les trois parties du texte et donnez-leur un titre.

Pierre lit bien l'énoncé de la question 1 : il lui faut trouver des titres sur les trois parties du texte en les délimitant précisément, c'est-à-dire en disant à quel mot une partie commence et à quel mot elle s'arrête. Il lit, relit et souligne les mots importants du texte. Il relève les idées dans la marge : l'auteur décrit la maison de Diphile, ses oiseaux, le bruit… La première partie s'arrête sûrement à « aboyé », car, après, l'auteur raconte les corvées que doit accomplir Diphile pour s'occuper de tous ces oiseaux… jusqu'à « éducation ». Enfin, l'auteur raconte les soirées et les nuits de Diphile qui n'arrive même pas à trouver le repos. Pierre cherche des titres. D'abord : La maison aux oiseaux… Puis : Les occupations de Diphile… Enfin : L'impossible repos… Ou bien : Un repos agité…

ENSUITE, IL FAUT DES MÉTHODES !

Dans la première partie, citez les deux idées qui se dégagent et argumentez les procédés d'écriture utilisés par La Bruyère pour les mettre en évidence.

Pierre lit bien la question : il a un peu peur de ne pas trouver les deux idées attendues dans cette première partie. S'il en trouvait plus ? Il se demande ce qu'est une figure de style : un procédé d'écriture... Par exemple, la métaphore ? Il relit la première partie : l'auteur dit qu'il y a des oiseaux partout dans la maison, que la maison est envahie (tout est volière !)... Après, l'auteur donne l'impression d'un bruit infernal (cri perçant, vacarme, aboiement...). Donc, les deux idées peuvent être l'invasion et le bruit. Comment fait l'auteur pour donner ces impressions ? Il énumère des mots séparés par des virgules. Il compare la maison à une volière, le vacarme à ceux de catastrophes naturelles. On dirait qu'il en rajoute, qu'il exagère en prenant des mots forts comme « les grandes crues ». Pierre écrit sur sa copie : procédés d'énumération (il recopie le passage en question), de comparaison ou métaphore (il donne un exemple). Il ne trouve pas le mot d'hyperbole pour parler d'exagération dans le choix des mots et la progression.

Quel est le ton dans la deuxième partie du portrait ?

Pierre réfléchit au sens du mot « ton » dans la question... Peut-être la façon de s'exprimer de l'auteur, ce qu'il veut dire à travers les mots qu'il utilise ? Pierre relit la deuxième partie. L'auteur dit que Diphile passe son temps à des corvées idiotes, qu'il embauche même quelqu'un pour s'occuper des oiseaux, alors que ses enfants n'ont pas de maître. Pierre cherche un mot qui expliquerait cette idée : absurde ! La Bruyère veut démontrer l'absurdité du comportement de Diphile.

En discutant à la sortie du contrôle avec Lola, Pierre regrette de ne pas avoir parlé du ton ironique de La Bruyère.

En résumé, lisez bien le texte. Les difficultés que vous rencontrez dans une explication de texte sont souvent dues à une lecture trop rapide ou pas assez attentive. Il faut parfois deux ou trois lectures pour comprendre un texte et s'en imprégner. Vous pouvez aussi souligner les mots importants, essayer de définir ceux qui sont difficiles. Vous pouvez même mettre des titres à chaque partie, même si le professeur ne le demande pas, ou écrire le contenu de chaque partie dans la marge.

Ensuite, reformulez la question posée pour bien la comprendre. Alors, relisez plus précisément le passage qui correspond à une question en essayant de trouver l'idée essentielle du passage.

Quand vous avez compris le contenu du passage, que vous trouvez une réponse satisfaisante, arrangez-vous alors à citer le nom de figures de style ou de procédés d'écriture appris en cours.

Justifiez toujours vos réponses (expliquez pourquoi vous affirmez telle ou telle chose) et utilisez des exemples tirés du texte pour argumenter votre choix de réponses. Recopiez au propre (oui, au propre !) en faisant des phrases complètes.

ENSUITE, IL FAUT DES MÉTHODES !

FAIRE UN EXERCICE DE MATHÉMATIQUES

Le professeur de mathématiques ne se contente pas d'un résultat sec. Il demande que l'élève démontre, qu'il explique sa logique, qu'il fasse part de son raisonnement étape par étape sur la copie. L'élève doit rédiger des phrases courtes avant et pendant le calcul (ou le tracé géométrique) pour expliquer ce qu'il fait (ou ce qu'il va faire) et pourquoi il fait ainsi. Il s'agit de décomposer le travail que vous réalisez en étapes et d'expliquer au professeur le passage d'une étape à l'autre.

ENSUITE, IL FAUT DES MÉTHODES !

• Lisez bien la consigne, soulignez ou surlignez les mots importants, traduisez-la en questions : Qu'est-ce qu'on me demande ? Quelles sont les attentes du professeur ? À quel résultat dois-je arriver ?

• Lisez bien l'énoncé et les données de l'énoncé (vous pouvez noter les données principales de l'énoncé au brouillon en même temps).

• Cherchez dans votre livre (dans votre cahier ou dans votre tête) les propriétés, règles, formules ou théorèmes qui vous serviront à résoudre la question (notez-les au brouillon pour vous en rappeler avec précision).

• Appliquez ces règles (ou formules) aux données de l'énoncé. Expliquez point par point la démarche que vous suivez.

• Vérifiez votre résultat (ou la précision de votre tracé) avant de recopier le tout au propre. Attention à la clarté et la lisibilité de votre travail dans la présentation.

Nadia lit l'énoncé :
Construire un triangle EFG tel que EF = 4 cm, EG = 2 cm et FG = 3 cm.
Nadia travaille la consigne :
La construction du triangle est-elle possible ?
Elle cherche les propriétés du triangle : un côté du triangle est plus petit que la somme des deux autres côtés.
Elle applique cette propriété aux données de l'exercice : la construction est possible, car EF est plus petit que la somme de EG et FG : 4<2+3.

Nadia se demande à présent comment faire ? Elle explique la démarche qu'elle va suivre étape par étape :

– Je trace d'abord un segment [EF] de 4 cm.

Nadia raisonne : elle sait que « tous les points d'un cercle sont équidistants d'un point appelé centre ».

Puisque G est à la distance 2 de E, G est sur un cercle de centre E et de rayon 2.

Puisque G est à la distance de 3 de F, G est sur un cercle de centre F et de rayon 3.

Je trace donc deux cercles au compas, un de centre E de rayon 2, et un de centre F de rayon 3. Ces deux cercles se coupent en 2 points, car EF<EG+GF.

– J'appelle G l'un des 2 points d'intersection.

– Je trace le triangle EFG.

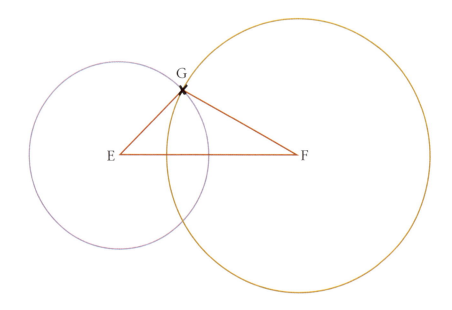

ENSUITE, IL FAUT DES MÉTHODES !

En résumé, prenez le temps de comprendre la consigne, d'intégrer les informations qu'on vous donne au départ, traduisez la demande en questions, puis appliquez la « bonne » formule (règle, propriété, théorème) aux données de l'exercice. Expliquez clairement et pas à pas votre démarche, sans avoir peur d'écrire ce qui vous paraît évident !

MAINTENANT, PLACE

POUR ÉVALUER QUOI ?

UN EFFORT FOURNI ?

UNE ÉVALUATION À UN MOMENT DONNÉ...

AUX RÉSULTATS !

DES NOTES, DES NOTES…

UNE COPIE ?

SELON DES CRITÈRES PRÉCIS

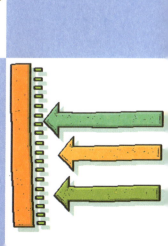

LA DÉCEPTION DE LA NOTE !

Super ! Momo s'est lancé dans son exposé. Nadia la consciencieuse s'est avalé des leçons et des leçons, pour le plaisir de s'entraîner… Tom est très fier de sa rédac. Lola est sûre d'avoir tout compris au dernier contrôle de maths. Enfin…, jusqu'à ce que les profs rendent les copies ou donnent leurs notes !

C'est Momo qui a été le plus content de sa note d'exposé (même s'il espérait un 18 !). Tom a commencé à dire que ça ne servait à rien de bosser… Nadia en a profité pour ajouter qu'elle n'y arriverait jamais… Lola n'a pas compris ce qu'elle n'avait pas compris… Elle s'est dit qu'elle allait encore se faire jeter par ses parents avec sa note en dessous de la moyenne ! Et ils en ont conclu que les profs cherchaient toujours à les saquer.

Et vous ? Cela vous arrive-t-il d'être déçu d'une note ? Êtes-vous aussi découragé parfois ? Pensez-vous que les profs vous saquent ? Savez-vous comment faire pour avoir une bonne note ?

MAINTENANT, PLACE AUX RÉSULTATS !

ON NOTE UNE COPIE OU UN EFFORT

Noter, ce n'est pas mettre une note au hasard, selon l'humeur du prof qui note, ou à la tête de l'élève qui a fait la copie. Noter est une activité très sérieuse qui demande beaucoup de rigueur. Cette activité s'appelle l'évaluation.

Ce qui est sûr, c'est qu'on n'évalue jamais une personne, mais toujours une production (une copie) ou une démarche (un effort, un apprentissage), ou encore un savoir-faire. Mais pas une personne ! C'est pas « vous » qui avez eu zéro ou quatre, c'est votre copie. Et ça change tout !

C'est votre production qui est notée, par exemple votre copie d'histoire que vous avez rédigée tel jour à telle heure, sur tel sujet. Ce qui ne veut pas dire qu'à un autre moment, sur un autre sujet, vous auriez eu la même note.

SE COMPARER À UN BOUT DE PAPIER !

Vous n'allez pas vous comparer à un bout de papier, même si c'est vous qui l'avez écrit ! D'ailleurs, on ne devrait pas vous demander combien « vous » avez eu en français. On devrait vous demander la note que votre rédaction a eue. Cette précision permet de mettre une distance entre soi et ce qu'on fait à un moment donné, entre la personne qu'on est et ce qu'elle est capable (ou incapable) de faire dans telle matière, tel jour précis, sur tel sujet. Ce qu'on a fait est fait, mais la personne qu'on est peut toujours évoluer, changer et progresser. Raisonner ainsi évite le glissement dans « la boucle d'échec » dont on parlait au premier chapitre.

MAINTENANT, PLACE AUX RÉSULTATS !

COMPRENDRE UNE NOTE

Les parents, et votre entourage, réagissent souvent de travers : après vous avoir demandé votre note en histoire, ils vous sermonnent et vous « jettent » si elle n'est pas bonne. D'où vient la mauvaise note ? Soit vous n'avez pas appris votre leçon, soit vous n'avez pas compris ce que le professeur attendait. Si vous n'avez pas bossé, la balle est dans votre camp. Mais si vous avez préparé, ce qui vous rendrait service quand vous revenez en brandissant votre copie à la maison, ce serait bien que quelqu'un de votre entourage essaie de comprendre avec vous pourquoi votre copie a été notée en dessous de la moyenne, pour vous éviter de refaire les mêmes erreurs. Car, en même temps que vous comprendrez la notation de votre copie, vous comprendrez ce qu'attendait le prof.

ALORS, NOTER, C'EST QUOI ?

Noter, c'est évaluer, c'est-à-dire « mesurer ». Mesurer, par exemple, des connaissances, ou mesurer un apprentissage, mesurer un savoir-faire, mesurer l'effort fourni, mesurer un travail donné. Et quand on mesure, on mesure toujours par rapport à quelque chose. Si on mesure un effort, on le mesure par rapport à ce que faisait la personne avant (l'effort de Momo justifie sûrement le 14 qu'a obtenu son exposé), si on mesure un apprentissage, c'est par rapport à ce que la personne savait faire avant, si on mesure des connaissances, c'est par rapport à ce qu'elle a appris de nouveau et qu'elle ne savait pas. Donc, noter, c'est évaluer. Évaluer, c'est mesurer. On mesure toujours une production par rapport à quelque chose. Une échelle de repères que se donne chaque professeur lui permet de mesurer un travail fourni par rapport à ce qu'il attend. Cette échelle de repères permet de comparer, de classer. Ces repères s'appellent des critères.

EXEMPLE DE CRITÈRES

Pour expliquer ce qu'est un critère, on peut prendre des exemples : un prof décide de noter les rédactions par rapport à plusieurs critères :

– Un critère de lisibilité : c'est l'écriture, la présentation, si la copie est propre, agréable à lire.

– Un critère d'expression : c'est l'orthographe, le vocabulaire, la syntaxe, si les phrases sont correctes, qu'il n'y a pas trop de fautes, de répétitions.

MAINTENANT, PLACE AUX RÉSULTATS !

– Un critère de méthode : c'est le plan, s'il y a ou non une introduction, une conclusion, deux ou trois parties bien distinctes dans le développement.
– Un critère de fond : c'est le contenu, ce qui est dit. Est-on bien dans le sujet, la réflexion est-elle approfondie, argumentée à l'aide d'exemples ?
– Un critère d'originalité, d'imagination…

Le professeur peut même décider de mettre, par exemple, 2 points sur la présentation, 4 points sur l'expression, 4 points sur le plan, 7 points sur le contenu, 3 points sur l'originalité. S'il choisit d'insister sur l'expression, il peut décider de noter l'expression sur 6 points, à lui de voir ce qui lui paraît essentiel de mesurer en priorité dans vos copies. Cette répartition de points s'appelle un « barème de notation ».

DONNER LES CRITÈRES

De plus en plus souvent, les professeurs communiquent leurs critères de notation pour chaque travail demandé. C'est un gros progrès qui évite un sentiment d'injustice pour l'élève : cette clarté lui permet de savoir « à quelle sauce il va être mangé », c'est-à-dire ce que le prof attend de son travail et comment il va noter. Cela permet aussi au prof d'être plus exigeant vis-à-vis de l'élève, puisque ce dernier connaît les attentes. En reprenant les critères communiqués par le prof, cela lui sera facile de comprendre sa note. Il cernera mieux ce que le prof voulait et qu'il n'a pas trouvé dans sa copie. De la même façon, il comprendra pourquoi sa copie a obtenu une bonne note par rapport aux attentes du prof.

Souvent, le prof met, dans la marge de la copie rendue, sa note et une explication de sa note : expression : 3/4; plan : 4/6; réflexion : 3/7; imagination : 1/3. Total : 11/20. Puis il ajoute une observation : « Un effort d'organisation et d'expression. Dommage que la réflexion ne soit pas plus approfondie. »

MAINTENANT, PLACE AUX RÉSULTATS !

TROUVER LES CRITÈRES

E t si les critères de notation ne sont pas donnés par le prof? Dites-vous qu'il en a forcément, même, et c'est son droit, s'il ne les communique pas aux élèves. Comme c'est plus facile de faire un travail quand vous savez ce que le prof attend, vous pouvez toujours lui demander (avec tact, surtout!) comment il note, sur quels critères. Et vous pouvez aussi réfléchir de votre côté en essayant de repérer ce que tout prof de français demande (ou de maths, ou d'anglais…).

Après, vous pouvez affiner en cernant ce qu'attend votre prof de français, même s'il ne le dit pas. Écoutez bien ce qu'il vous demande, posez-lui quelques questions en plus, essayez de comprendre son système de notation à partir des copies qu'il rend (cette petite enquête est à refaire pour chaque prof). Vous pouvez même vous amuser à écrire noir sur blanc, selon vous, quels sont ses critères de notation, sur quoi il évalue. Mettez-vous dans sa peau cinq minutes. Vous aurez une idée claire de comment construire votre travail. Parlez-en aussi avec les copains de la classe.

Vous préférez qu'on réfléchisse ensemble ? D'accord, mais une fois que vous aurez compris la démarche, à vous de l'appliquer pour les autres matières (la technologie, la gym…).

Critères (probables) de correction d'un devoir de grammaire

– Présentation générale de la copie : écriture lisible, clarté, aération… (La présentation compte toujours, quelle que soit la matière.)

– Qualité de l'expression : orthographe, vocabulaire, construction des phrases.

– Capacité de compréhension de la consigne, de traitement de la (ou des) question(s) posée(s).

– Connaissance de la règle, ou des règles, dont on a besoin pour réaliser les exercices.

– Capacité d'appliquer cette règle à des exemples.

MAINTENANT, PLACE AUX RÉSULTATS !

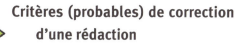

Critères (probables) de correction d'une rédaction

– Présentation générale de la copie : écriture lisible, clarté, aération avec sauts de lignes, séparation de paragraphes (sans lire, rien qu'en regardant la copie, on a envie ou pas de la lire…).
– Qualité de l'expression : choix du vocabulaire, clarté de la construction des phrases.
– Capacité de structuration : présence d'un plan, avec plusieurs paragraphes, avec une introduction et une conclusion.
– Qualité de la réflexion : intérêt des idées développées par rapport au sujet, capacité d'argumentation.
– Qualités d'originalité dans la forme et dans les idées, imagination.

Critères (probables) de correction d'un devoir de mathématiques

– Présentation de la copie et qualité de l'expression.
– Connaissances des règles, des formules, des propriétés, des théorèmes.
– Capacité d'application de ces règles aux données des exercices.
– Qualité du raisonnement et capacité de présenter dans la copie la démarche logique suivie.
– Exactitude du résultat ou précision de la réalisation graphique.

Critères (probables) de correction d'un devoir d'histoire. Vous avez compris le système? Alors, à vous de jouer en complétant vous-même les tirets :

–

–

–

–

–

(Si vous n'êtes pas sûr de vous, demandez à votre professeur d'histoire.)

CORRIGER : À VOUS DE JOUER !

Et si on allait jusqu'au bout? Si on vous proposait de vous entraîner vous-même à corriger? Juste pour vous mettre quelques minutes à la place d'un prof qui doit noter. Juste pour comprendre de l'intérieur comment il note et pourquoi il met telle ou telle note. Chiche?

Voici deux copies (rédigées par un copain et une copine de Pierre) portant sur les trois questions de l'explication du texte de La Bruyère, Diphile, ou l'amateur d'oiseaux (voir texte du chapitre 2).

Le barème de notation du professeur (note totale sur 10 points) est le suivant :

Question n° 1. Découpez le texte en trois parties et trouvez des titres. Notée sur 3 (1 point par partie).

Question n° 2. Trouvez les deux idées de la pre-

MAINTENANT, PLACE AUX RÉSULTATS !

mière partie et les procédés d'écriture. Notée sur 4 (2 points pour les idées justifiées, et 2 points pour les procédés d'écriture ou figures de style).

Question n° 3. Décrivez le ton dans la deuxième partie du portrait. Notée sur 2 (1 point pour avoir repéré le ton, 1 point pour le nommer précisément). Reste 1 point sur la présentation et l'expression (écriture, orthographe).

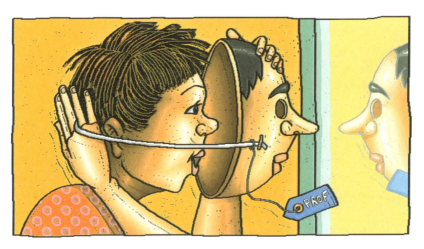

Avec ce même découpage de la note, essayez de noter vous-même les deux copies qui suivent. Lisez bien les copies, relisez le barème du prof, mettez-vous à sa place et proposez une note pour la copie n° 1 et une note pour la copie n° 2. Vous verrez qu'en vous mettant à la place du prof vous comprendrez de l'intérieur ce qu'il attend, pourquoi il met telle ou telle note. (Découvrez ensuite, et ensuite seulement, la note qu'a réellement mise le prof sur chacune de ces copies. Prêtez-vous vraiment au jeu.) Et pensez à expliquer la note que vous mettez! Vous êtes prêt?

Copie numéro 1 :

4°3 　　　　　　　　　　Jeudi 22 février 2007

　　　　　　Explication de texte :
« Diphile » Les caractères La Bruyère.

1) - Jusqu'à « aigu » : la description de sa maison
   - Jusqu'à « ordures » : la nouriture de Diphile.
   - Jusqu'à la fin : l'éducation des enfants.

2) La première idée c'est que Diphile achète un oiseau et que après il en a mille. La deuxième idée c'est qu'il y a des volière dans toute la maison et ça fait beaucoup de bruits.

3) Dans la deuxième partie, sa montre toute les contrainte que d'avoir énormément d'oiseaux, tout ça est fatiguants et penible, et le pire c'est qu'il a pas le temps même de s'occuper des enfants.

MAINTENANT, PLACE AUX RÉSULTATS !

Réponse 1.
Votre note (sur 3) :
Pourquoi?

Réponse 2.
Votre note (sur 4) :
Pourquoi?

Réponse 3 :
Votre note (sur 2) :
Pourquoi?

Présentation / Expression :
Votre note (sur 1) :
Pourquoi?

Note totale (sur 10) :

Copie numéro 2 :

4°3 Jeudi 22 Février

Explication de texte: "Diphile" Les caractères de la Bruyère

1°) - Première partie (jusqu'à "aboyé"): Le vacarme des oiseaux.
   - Deuxième partie (jusqu'à "éducation"): Les occupations de Diphile.
   - Troisième partie (jusqu'à "couve"): Épuisement et destination de Diphile.

2°) Dans la première partie, les deux idées qui se dégage sont:
   1ère: La maison de Diphile empeste ; pour cette idée, il emploie le style énumératif.
   2ème: Il y a trop de bruit, pour cette idée, il emploie des mots du champ lexical du bruit.

3°) Le ton dans la deuxième partie est un peu ironique, il veut montrer que c'est ridicule de s'occuper plus des oiseaux que de ses enfants.

MAINTENANT, PLACE AUX RÉSULTATS !

Réponse 1.
Votre note (sur 3) :
Pourquoi ?

Réponse 2.
Votre note (sur 4) :
Pourquoi ?

Réponse 3.
Votre note (sur 2) :
Pourquoi ?

Présentation /Expression.
Votre note (sur 1) :
Pourquoi ?

Note totale (sur 10) :

Comparez ces notes avec celles qu'a mises le professeur page suivante. Constatez-vous un écart ? D'où provient-il à votre avis ? Avez-vous noté plus sévèrement ou moins sévèrement que le professeur ?

NOTATION DU PROFESSEUR

Maintenant, il est temps de confronter votre notation et vos observations à celles du professeur.

Copie numéro 1 :

Réponse 1 : 1 point sur 3 pour le premier titre. Le découpage est faux et les deux autres titres ne reflètent pas le contenu des parties.

Réponse 2 : 1 point sur 4 pour l'idée du bruit. Les figures de style ne sont pas citées. Le début de la réponse est une paraphrase (copiage du texte).

Réponse 3 : 0,5 point sur 2 pour l'idée qu'il s'occupe davantage des oiseaux que de ses enfants. L'ironie du ton par rapport à l'absurdité du comportement n'est pas nommée.

Expression : 0,5 point sur 1. Un effort de lisibilité de l'écriture mais beaucoup de fautes d'orthographe.

Total : 3 points sur 10.

Copie numéro 2 :

Réponse 1 : 3 points sur 3. D'autres propositions peuvent être acceptables également.

Réponse 2 : 2,5 points sur 4. L'idée du bruit est citée, pas celle de l'invasion. Le style énumératif apparaît, ainsi que la notion de champ lexical, on attendait la métaphore, voire l'hyperbole.

Réponse 3 : 1 point sur 2. Le ton ironique est cité avec hésitation sans développement.

Expression : 1 point accordé malgré une faute d'accord.

Total : 7,5 points sur 10.

MAINTENANT, PLACE AUX RÉSULTATS !

EXPLIQUER LES ÉCARTS DE NOTES

Les écarts de notes peuvent s'expliquer par votre manque d'expérience ; comme pour tout, il faut un peu d'entraînement. Mais il arrive souvent que deux professeurs mettent une note différente sur la même copie ; les notes peuvent avoir un ou deux points d'écart entre elles, parfois trois ou quatre ! Il se peut que les professeurs n'aient pas les mêmes critères. D'ailleurs, y compris avec les mêmes critères, on constate des écarts de notation. C'est pour ça que, pour les examens, une copie est,

MAINTENANT, PLACE AUX RÉSULTATS !

en principe, corrigée par deux professeurs qui se mettent ensuite d'accord sur une seule note finale. Il faut dire que l'évaluation n'est pas une science exacte. C'est une activité humaine, et l'homme n'est ni un ordinateur ni un robot. Un correcteur a beau être clair avec les critères de correction, il a beau essayer d'être le plus juste possible quand il corrige, il reste toujours une part d'incertitude… Des chercheurs ont montré qu'une copie n'a pas la même note si elle est corrigée tout de suite après une copie qui a eu une très bonne note, ou tout de suite après une copie qui a eu une mauvaise note. De la même façon, si votre copie est corrigée en premier, elle n'a pas la même note que si elle est corrigée en dernier. Nous disions aussi dans le premier chapitre que l'image que le professeur a de vous peut jouer, y compris sur la note : le professeur aussi a ses représentations ! Dans ces cas-là, la note de votre travail dépend de l'effort fourni, des progrès réalisés, et pas seulement du contenu de votre copie.

Si l'on veut obtenir de bons résultats, il est essentiel de comprendre comment fonctionne un correcteur et quels sont ses critères de notation. Il est très instructif de se mettre dans la peau d'un professeur en essayant de noter pour mieux comprendre ses attentes. N'empêche que l'évaluation restera toujours une activité humaine, avec une part d'incertitude, du moins tant qu'elle sera pratiquée par des hommes et des femmes…

EN GUISE DE CONCLUSION

Vous voilà plus motivé pour aller au collège ? Vous avouez même prendre un certain plaisir à travailler ? Pas tous les jours, pas sur toutes les matières, d'accord, mais on peut voir que vos yeux brillent quand vous parlez de certains sujets…

Vous voilà plus sûr de vous pour l'exposé, le contrôle d'histoire ou le devoir de maths, et c'est tant mieux. Vous savez mieux ce qu'on attend de vous et comment le construire. Vos notes s'améliorent, à votre plus grande satisfaction. Bravo !

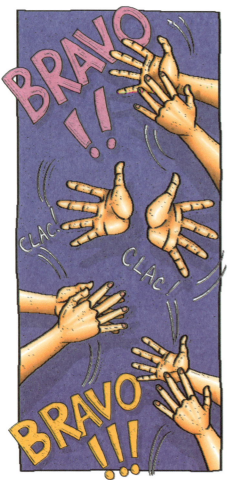

Méfiez-vous quand même. Les méthodes, c'est indispensable, mais ça ne marche peut-être pas à tous les coups. Et puis ça ne suffit pas pour garantir la réussite ! Pourquoi ? Parce qu'on est – vous êtes – des êtres humains (on le disait des profs quand ils notent !). Et il y a plein d'autres choses à prendre en compte chez la personne humaine que son cerveau ou ses possibilités intellectuelles ! Un élève qui travaille bien, c'est souvent une personne équilibrée sur tous les plans.

MAINTENANT, PLACE AUX RÉSULTATS !

C'EST QUOI UNE PERSONNE ?

Selon l'idée du psychosociologue Kurt Lewin, une personnalité peut se comparer un peu à un œuf! Le jaune représente le noyau de la personnalité (avec le corps, l'intellect et les émotions), le blanc représente l'ensemble des relations avec l'entourage. Et le blanc occupe plus de place que le jaune, car on ne peut pas « être » sans relations!

(Schéma inspiré de la vision de la personnalité selon Kurt Lewin.)

Attention, la personnalité n'est pas « découpée » en rondelles d'« intellect », de « corporel » et d'« affectif » ! On ne peut pas séparer les choses comme ça ! (C'est pour ça qu'on met des flèches.) Chacun de ces aspects influence les autres : si vous êtes fatigué physiquement (parce que vous vous couchez trop tard ou que vous mangez n'importe quoi à n'importe quelle heure), vous travaillerez forcément moins bien. Si vous vivez une période avec beaucoup de tensions chez vous et que vous êtes triste, cela aura forcément des répercussions dans votre travail. Si vous vous sentez trop seul, rejeté par la classe et que vous communiquez peu avec les adultes de votre entourage, vous n'aurez pas le cœur ni l'envie de vous mettre à bosser.

MAINTENANT, PLACE AUX RÉSULTATS !

BIEN TRAVAILLER

Ainsi, bien travailler suppose un équilibre entre tous les aspects de sa vie : s'occuper de son bien-être physique, par exemple en faisant du sport ; nourrir son intellect en apprenant de nouvelles choses ; avoir une vie sentimentale riche ; vivre des émotions avec un bon film ou un roman palpitant ; communiquer pour avoir des relations vraies avec les copains, comme avec les adultes. Chacun de ces thèmes est tout un programme à lui tout seul ! Depuis le primaire, les professionnels de la santé vous donnent des conseils (ou vous remettent des brochures) pour avoir une bonne hygiène de vie corporelle (alimentation, sommeil, propreté, activités physiques). Les psychologues peuvent vous aider à traverser une période difficile sur le plan

affectif. Le collège, mais aussi vos lectures et vos discussions vous permettent de travailler l'intellect. Mais la communication ne s'apprend nulle part. Dommage ! Surtout lorsqu'on sait que mieux communiquer permet de se sentir mieux dans sa peau. Une classe à la fois sympa, détendue, solidaire (donc, avec des élèves qui communiquent bien) et, en même temps, sérieuse au travail, c'est quand même le top du top !

En tout cas, si vous vous donnez les moyens de travailler avec des méthodes solides et si, en plus, vous communiquez facilement, alors là, non seulement vous voilà bon élève, mais vous voilà aussi un élève heureux ! Ça vaut le coup d'essayer, non ?

MAINTENANT, PLACE AUX RÉSULTATS !

Conception graphique et réalisation : Rampazzo & Associés.
ISBN : 2-7324-2776-4
Dépôt légal : octobre 2001
Imprimé en Espagne sur les presses de Grafo.

BIBLIOTHÈQUE
École catholique Saint-Charles-Garnier
4101 rue Baldwin sud
Whitby (Ontario) L1R 2W8